« VIVE LA FRANCE ! »

PAR

Raoul de Juglart

AVOCAT

Prix : 60 centimes

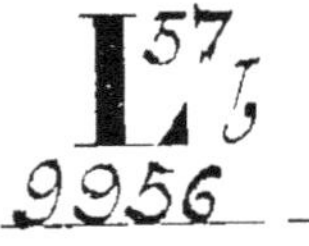

« VIVE LA FRANCE ! »

« VIVE LA FRANCE ! »

PAR

Raoul de Juglart

AVOCAT

Prix : 60 centimes

LA ROCHEFOUCAULD (Charente), 1er JUILLET 1889.

Mon Général,

Voulez-vous accepter, la dédicace de cette brochure, écrite par l'un de vos plus humbles mais tout-à-fait dévoués soldat — soldat de la première heure du reste?

« Vive la France » ne saurait être placée sous un patronage plus autorisé que le vôtre. En effet vous aimez passionnément votre Patrie; vous le lui avez prouvé sur les champs de batailles, où vous ne lui avez pas marchandé votre sang comme certains parlementaires de ma connaissance; vous en avez donné des preuves, lors de votre trop court passage au Ministère de la Guerre, en réorganisant notre armée. Vous en fournissez, en ce moment, le plus éclatant des témoignages, par les efforts héroïques que vous tentez — et qui aboutiront — pour arracher la France aux scélérats qui essaient de la tuer, après l'avoir souillée et dévalisée.

Avec l'hommage de ces quelques lignes, où la bonne volonté et la sincérité des convictions suppléent le mérite, daignez recevoir, mon Général, l'assurance de mon inaltérable dévouement.

RAOUL DE JUGLART.

Avocat-Publiciste.

I

1885. — 1889.

Il y a quatre ans — à la veille des élections générales — sous le titre : **Le Bilan de la Troisième République**, le modeste auteur de ces quelques lignes publiait une brochure populaire dans laquelle, après avoir fait le procès du régime néfaste, qui ruine et déshonore la France, depuis 1876, il indiquait la restauration monarchique comme l'unique remède efficace contre le mal.

Dans le nouvel opuscule que nous destinons encore à ceux de nos concitoyens dont le patriotisme est au-dessus des préjugés mesquins et des partis pris étroits, nous ne nous proposons certes pas de reviser le procès que nous intentions alors au gouvernement républicain; bien au contraire, dans l'appel à *minima* que nous portons aujourd'hui devant le tribunal souverain du suffrage universel nous ne pourrons être que plus impitoyable dans notre réquisitoire.

Mais, si nous reconnaissons toujours l'intensité du mal, nous avons absolument différé sur l'application du remède. Celui dont les vertus curatives nous semblaient indiscutables, en 1885, ne nous apparaît plus, en 1889, que dépourvu de toute espèce d'efficacité.

Est-ce à dire que, semblable à tant d'autres, nous avons retourné brusquement les pans de notre veste, pour escorter le char du triomphateur, brûlant avec l'empressement des néophytes les dieux que nous encensions hier ?

Non ; trois fois non.

En nous convertissant très loyalement à la République, après de mûres réflexions — parfois amères — nous n'avons été inspiré et guidé que par notre très sincère amour de la France.

Pour en convaincre, du reste, ceux qui nous feront l'honneur de nous lire, il nous suffira de citer précisément une des premières pages du *Bilan de la Troisième République*.

Nous écrivions en 1885.

« De l'avis de tous, les prochaines élections, « ne sont-elles pas considérées comme devant exer- « cer une influence **décisive** et immédiate en ce qui « concerne **l'éventualité d'une restauration mo- « narchique ?**

. . . .

« Mais ce n'est pas encore tout.

« En même temps que les *destinées du parti* « *monarchique* se joueront les destinées de la « France, le jour où il plaira au Gouvernement « d'assembler le peuple français dans ses comi- « ces électoraux.

« Le résultat du scrutin ne nous *fixera pas seu- « lement sur l'avenir réservé au parti monarchique ;* « il nous apprendra si la France est condamnée à « finir « dans la boue et le sang » par « le démem- « brement, la banqueroute et la guerre civile. »

. . . .

« Qu'elles soient favorables aux royalistes, « qu'une réaction contre la République, semblable « à celle qui se produisit lors de la libre et solen- « nelle consultation populaire de 1871, se déclare « à nouveau et Monseigneur le Comte de Paris, « qui connaît et comprend ses devoirs de préten- « dant à la couronne, saura bien vite répondre à « l'appel que lui aura adressé le pays.

« Au contraire que, par notre indifférence, que, « par notre apathie, que, par notre abstention, ces « élections tournent — encore une fois — contre « nous, combien d'honnêtes gens, qui sont venus « spontanément à la monarchie, confiants dans « son programme d'action, alléchés par ses pro- « messes de régénération sociale et qui **s'éloigne- « ront d'elle avec la même spontanéité lorsqu'ils « auront été les témoins de son impuissance !**

« Et combien aussi de royalistes qui, mûs par « ces sentiments de patriotisme dont nous par- « lions plus haut, feront litière des opinions de « toute leur vie pour accepter n'importe quelle « solution éphémère qui se présentera, et où ils « croiront rencontrer quelques garanties pour la « sécurité intérieure et extérieure de leur pays ! »

Les « destinées » du parti monarchique se jouèrent les 4 et 18 octobre 1885.

Les royalistes furent battus, quelque exceptionnellement avantageuses qu'avaient été pour eux les conditions dans lesquelles ils avaient engagé la lutte et affronté la bataille. Ils furent battus ainsi qu'ils l'avaient été au 20 février 1876, au 14 octobre 1877, au 21 août 1881. N'était-il pas dès lors bien évident que la majorité de la nation était aussi réfractaire à l'idée de la monarchie constitutionnelle de Monsieur le comte de Paris qu'à celle de la monarchie absolue de monsieur le comte de Chambord.

Néanmoins un grand nombre de conservateurs — de ceux qui appartenaient à l'opposition, beaucoup moins par attachement aux principes des régimes déchus qu'en raison de l'inexprimable dégoût que leur inspirait le régime actuel avec son triste cortège de ruines et de hontes accumulées — un grand nombre de ces conservateurs, en présence de l'imposante minorité, qui allait siéger au Palais-Bourbon, résolurent d'attendre, l'arme au pied, avant de battre en retraite.

Ils ont ainsi attendu, observé pendant près de quatre années. Et voici le spectacle écœurant auquel ils ont assisté!

Dans le Parlement, lors de la vérification du pouvoir, ils ont été les témoins de compromis honteux.

Dans la Haute-Garonne, deux conservateurs sont élus, au premier tour de scrutin; cinq républicains sont proclamés au ballotage, à la suite de tripotages d'autant plus malpropres que M. Constans y a mis la main. Le lendemain, c'est un tolle général d'indignation dans toute la presse réactionnaire, qui ne se gêne pas pour dénoncer les fraudes, faciles à constater dans les listes d'émargement Le préfet de la Haute-Garonne est qualifié avec la dernière sévérité. Les élections du département sont rapportées. Pas une protestation à la tribune ! Plus un mot dans les journaux de M. Lambert de Sainte-Croix !

Voilà ce qui s'était passé : — « Si vous attaquez notre élection, avaient dit les cinq qui n'étaient pas élus à leurs deux collègues qui l'étaient régulièrement, nous vous faisons invalider avec nous. Alors, gare la réélection ! Si, au contraire, vous ne contestez pas notre mandat, nous vous laisserons tranquillement jouir du vôtre. Donnant donnant. »

Mêmes tripotages dans le Tarn et Garonne, au bénéfice d'un certain Lasserre ; même marché conclu avec ses trois collègues de droite.

Ils ont vu la minorité émettre, à quelques heures d'intervalle, les votes les plus bizarres et les plus contradictoires, hier alliée aux radicaux pour élire président de la Chambre, M. Floquet, contre l'opportuniste Fallières, demain apportant, en masse compacte, ses suffrages à l'opportuniste Méline contre le radical Clémenceau, tantôt se coalisant avec l'extrême gauche pour renverser un ministère opportuniste, tantôt mêlant ses bulletins à ceux du centre pour culbuter un ministère radical.

Ils ont vu, à côté de ces gamineries dignes tout au plus d'écoliers espiègles et non pas d'hommes politiques qui aspirent à relever la fortune et le crédit d'un pays, ils ont vu les députés, élus avec le programme : **Economie dans les finances,** participer à la formation et au maintien du ministère Rouvier, choisir comme commissaires du budget les Ferry, les Raynal et consorts, c'est-à-dire les hommes qui ont le plus cyniquement dilapidé les finances publiques.

Dans le Parlement encore, ils ont vu des sénateurs royalistes porter à la vice-présidence de la Haute-Assemblée M. Challemel-Lacour, l'un des criminels instigateurs de l'expédition du Tonkin, celui-là même qui, en 1870, se désolait à la pensée ne pas pouvoir faire fusiller leurs enfants et leurs petits-enfants.

Dans le pays ils ont anxieusement suivi les manifestations du suffrage universel à travers les élections partielles et ils ont douloureusement constaté que ces comités et ces publicistes enthousiastes, prétendant avec la superbe assurance de la foi, que le verdict de 1885 était une nouvelle surprise, un nouveau malentendu, ou bien désertaient la lutte, comme dans l'Aveyron, comme dans l'Orne ou bien présentaient des candidats qui succombaient d'une façon déplorable, comme dans le Nord, comme dans le Pas de Calais, comme dans l'Eure, comme dans les Basses-Pyrénées. — Ce qui prouvait péremptoirement que la nation ne voulait pas davantage de la monarchie en 1886, en 1887 et en 1888 qu'elle n'en avait voulu en 1885, en 1881, en 1877 et en 1876.

Dans le pays, ils ont été les témoins non seulement de l'évidente « impuissance » des monarchistes dans le présent mais encors les juges de leur plus évidente impuissance dans l'avenir, au spectacle des profondes divisions qui les déchirent.

En effet, chez eux, où est la direction, qui imprime l'action?

Faut-il la chercher à Sheen-House en Angleterre?

Sans doute, de temps en temps, Monsieur le comte de Paris adresse à ses amis, des lettres, fort belles, empreintes de très nobles sentiments, beaucoup trop longues pour être lues et comprises des masses. Et c'est tout! A-t-on jamais trouvé dans les épîtres royales le tracé de la ligne droite à suivre pour aboutir au but? En 1886, le prince se prononce contre l'opposition systématique. En 1887, toutes différentes sont ses instructions. Tergiverser, temporiser, louvoyer sont subtibilités et chinoiseries familières aux cercles politiques. Jacques Bonhomme, dans son robuste bon sens, n'y comprend goutte.

Faut-il la chercher, en France, chez les amis les plus autorisés du Prince?

Ceux-ci affirment blanc, à Marseille, avec le marquis de Breteuil, tandis que ceux-ci répliquent noir, à Nantes, par la bouche de M. Calla.

Dans le comité central de la Seine? En même temps que tels de ses membres, lors de l'élection du 27 janvier, tenaient pour l'abstention pure et simple, tels autres ne démordaient pas de l'abstention motivée. Question bien palpitante d'intérêt, du reste!

Dans les comités de province? Dans la Charente Inférieure la consigne de M. de Montbrun est : « sus au boulangisme! »; dans la Somme, le mot d'ordre, passé par M. de Raineville est de soutenir le Général.

Dans la presse? qui donne la note juste du *Gaulois* ou de la *Gazette de France*? Qui combat le bon combat, de ces feuilles militantes, marchant à l'avant-garde, harcelant sans cesse l'ennemi ou de ces journaux doucereux et patelins faisant risettes et mamours aux opportunistes?

Dans les châteaux? En général, on y écrit bien ainsi le « roy », on y jure de ne point reconnaître d'autre souverain que lui mais on n'y souscrirait pas un écu pour la propagande, qui doit hâter son avénement. A quoi bon? Est-il possible de raisonner avec le suffrage universel? Aussi y vit-on à l'écart du paysan et de l'ouvrier et aussi, le jour du scrutin, le châtelain dispose-t-il de moins de voix que son valet de chambre!

Nous n'exagérons rien.

Pour le misérable besoin d'expliquer une volte face dont, après tout, nous ne sommes responsable que devant notre conscience, nous ne dénigrons pas à plaisir l'opposition monarchique, à laquelle nous avons sacrifié les douze meilleures années de notre jeunesse.

Nous avons exposé la brutale réalité. Est-ce notre faute si, depuis 1876, elle ne se résume qu'en défaites électorales, qu'en démonstrations de stérilité, qu'en preuves d'impuissance?

En face d'un tel spectacle quel devoir s'imposait — et quel devoir s'impose encore aujourd'hui — à une foule de braves gens auxquels l'expérience du passé n'a guère appris à affectionner la République, qui s'étaient habitués à l'idée que la monarchie ce serait le salut de la France, mais qui, avant toutes préférences dynastiques, ont le souci de l'intérêt de la patrie?

Devaient-ils tenter une suprême expérience électorale?

Le résultat invariable des élections partielles, soit législatives, soit départementales les fixait d'avance sur l'inanité de cette dernière tentative.

Devaient-ils, se cantonnant fièrement dans des convictions, puisées le plus souvent au fond de traditions de famille, très respectables du reste, demeurer toujours et quand même du côté des vaincus ?

Assurément il n'est rien d'aussi noble que la fidélité aux principes. Le caractère de Caton est digne d'envie. Mais d'abord, on nous permettra bien d'observer respectueusement que le principe monarchique a éprouvé une fameuse atteinte le jour ou Monsieur le comte de Paris s'est rallié à la doctrine plébiscitaire. N'en déplaise au dicton, droit divin et droit populaire ce n'est pas tout à fait la même chose, c'est même absolument le contraire.

Et puis, existe-t-il un principe, si séculaire fût-il, qui soit supérieur aux exigences du patriotisme ?

Il ne semble pas, par exemple, y en avoir de plus élevé que celui sur lequel repose l'affection du père pour son enfant.

Est-ce que Brutus hésite à immoler son fils, lorsque la République romaine est menacée?

N'est-ce pas un principe de droit naturel qui s'accorde avec la loi divine que nul ne peut attenter à la vie de son semblable?

Voyez cependant ces luttes sanglantes et fratricides que justifie la guerre, c'est-à-dire le devoir de défendre la patrie envahie — outragée seulement quelquefois!

Toute la question est donc de savoir si la situation présente du pays, tant à l'extérieur qu'à l'intérieur, est telle que la France opprimée ait besoin pour sa délivrance du concours effectif de chacun de ses enfants et, par conséquent, soit en droit de leur imposer à tous le sacrifice immédiat de préjugés et de défiances — souvent légitimes — d'espérances et de sympathies — absolument respectables.

Nous résoudrons la question en montrant à quelles tristes extrémités la République parlementaire a réduit notre pays.

II

LA RÉPUBLIQUE PARLEMENTAIRE ET LA POLITIQUE EXTÉRIEURE.

De prime abord, ce chapitre peut sembler assez délicat à écrire. En effet, en face de la cruelle vérité que nous allons exposer ici toute nue, les chauvins qui puisent leurs leçons de patriotisme dans les gazettes et dans les manuels des Juifs allemands de Bade, de Hambourg ou de Varsovie, ne vont pas manquer de coasser en chœur : « Assez ! Vous n'avez pas le droit de parler patriotisme, de vous dire français vous qui étalez complaisamment au grand jour les humiliations de la patrie ; vous qui arguez misérablement sur l'abaissement de la France, pour répudier d'anciens amis ou combattre des adversaires politiques. »

L'objection est presque aussi superficielle que le patriotisme de ceux qui la produisent.

Cacher un mal ce n'est pas en arrêter la progression ; organiser la conspiration du silence autour de ses causes, ce n'est pas en supprimer les effets révélateurs et délétères.

Poitrinaire, tousserez-vous moins parce que vous

vous serez obstiné à ne pas appeler un médecin auprès de vous? Et vos voisins n'entendront-ils plus vos douloureuses quintes?

Malheureux, dont le sang a été empoisonné par un épouvantable accident, quand bien même vous garderiez pour vous seul le terrible secret, empêcheriez-vous les pustules de dévorer votre face et de dénoncer à tous l'origine et la nature de votre affreux mal?

Ainsi donc, pas de fausse retenue! Pas de scrupules déplacés! Faisons notre devoir comme nous le comprenons et poursuivons droit vers notre but.

La politique suivie à l'extérieur, depui 1880, par les républicains a été désastreuse pour la France aussi bien au point de vue des résultats immédiats qu'au point de vue des conséquences qui en ont découlé.

Et, lorsque nous écrivons les « républicains » nous n'entendons pas établir de distinction entre les divers défenseurs de la République parlementaire. Sous le même vocable, nous « concentrons » étroitement opportunistes et radicaux. Ah! Sans doute, dans le début, alors qu'ils n'étaient pas assis devant l'assiette au beurre, ces derniers n'ont pas eu de protestations assez violentes contre les « criminelles » aventures. Nous n'avons pas oublié les discours enflammés de M. Clémenceau, les rapports véhéments de M. Camille Pelletan, les articles indignés de M. Sigismond Lacroix. Nous nous souvenons de la séance du 30 mars 1885, à l'issue de laquelle M. Jules Ferry, poursuivi par les imprécations vengeresses du député de Montmartre, s'enfuit du Palais-Bourbon par une porte dérobée et comme un malfaiteur — qu'il était du reste. — Mais que sont devenues les protestations d'antan? Le radical Floquet — Petit-Pompon — celui en qui les mêmes Pelletan, Clémenceau et autres Sigismond Lacroix plaçaient naguère toute leur confiance, a-t-il désavoué l'œuvre de ses prédécesseurs? Lors de la discussion du budget de 1889, a-t-il demandé à sa chambre « introuvable » une réduction d'un centime sur les crédits du Tonkin? Et, cette année, depuis qu'il a troqué sa plume de « petit employé » contre un portefeuille ministériel, est-ce que M. Yves Guyot ne trouve pas que tout va pour le mieux dans la plus prospère des colonies?

Le Tonkin! Ç'a été le grand cheval de bataille de l'opposition conservatrice, en 1885. Il nous serait aisé de l'enfourcher à notre tour pour entraîner à notre suite les masses électorales, si elles n'étaient pas déjà poussées vers le parti national par le plus impétueux des courants.

En effet, cette expédition engagée sous le prétexte honorable de venger la mort du commandant Rivière — dans le but inavouable de distribuer des pépites aux gros clients de l'opportunisme, comme avait été engagée auparavant celle de Tunisie, soi-disant pour châtier des Kroumirs pillards, en réalité pour amener au pair des papiers sans valeur. — Cette lugubre expédition du Tonkin, bien que le traité de paix avec les Chinois soit signé depuis quatre années, nous impose toujours les plus lourds sacrifices d'hommes et d'argent. Evidemment que quelques régiments ont été rapatriés — des régiments de deux cent cinquante hommes et quels fantômes d'hommes ! Mais, combien en est-il resté là-bas qui, s'ils échappent aux embûches des Annamites, ne rentreront plus en France que pour succomber sur le continent aux germes des impitoyables maladies contractées dans ces marécageuses contrées? Qui ne se rappelle l'arrivée à Toulon de l'*Annamite* avec son convo de moribonds, les abîmes de l'Océan ayant reçu en route les funèbres dépouilles des morts? C'est-à-dire que si un gouvernement honnête et patriote, issu des prochaines élections, ne répudie pas énergiquement la politique tonkinoise de tous les républicains parlementaires sans exception, il faudra bientôt recommencer l'envoi par « petits paquets » de victimes, vouées à périr fatalement, sans honneur comme sans profit pour la mère-patrie. Car, non seulement le climat de ce maudit pays sera toujours meurtrier pour les Européens — il est maintenant avéré qu'il est impossible de l'assainir — mais encore les Pavillons-Noirs, les Annamites, voire les Chinois, en dépit des conventions et des traités signés, n'ont point désarmé ; chaque courrier nous apporte la navrante nouvelle de quelque escarmouche où tombent nos braves soldats. Le 17 janvier, 1 officier et 12 soldats sont tués, 7 officiers et 53 soldats **français** sont blessés à Cho-Moi. Le 2 février, 3 soldats **français** sont blessés à Cho-Chu. Le 11, à Moc-Kay, le sergent Speyre est tué et tous les soldats **français** de son escorte plus ou moins grièvement blessés. (Nous ne parlons pas des pertes subies par les troupes indigènes). Notre joug est du reste si insupportable là-bas que les rois ou princes, dès qu'ils sont suspects de nourrir des sympathies à l'égard de la France, sont aussitôt empoisonnés par les Mandarins.

A côté de ces milliers de victimes, offertes en holocauste au minotaure parlementaire, il en est d'autres plus illustres sur lesquelles la France comptait à l'heure de la suprême bataille et que les « polichinelles » de l'opportunisme lui ont volées pour les lui rendre cadavres : Courbet, de Courcy, Herbinger ! Et Paul Bert ! Et de Champeaux ! Et Richaud, à moins que..... !

Voilà pour les sacrifices d'hommes et de héros! Que dire des sacrifices pécuniaires, qui ne sont pas « quantité négligeable » dans un pays où le chiffre des dépenses dépasse celui des recettes. Avant la paix -- quelle paix ! -- l'expédition du Tonkin nous a coûté près de deux cents millions. Depuis, elle nous revient annuellement à trente-deux millions. Or, tant de millions ont été et sont dépensés en pure perte. En effet, et nous défions d'y contredire, jusqu'à présent le Tonkin ne nous a absolument rien rapporté et, dans l'avenir, il ne peut pas nous rapporter davantage.

Il nous est permis d'ajouter, après de récents débats parlementaires et de non moins récents aveux ministériels que les bâtiments de notre flotte ont été endommagés dans l'Extrême-Orient, au point qu'ils étaient, l'année dernière, hors d'état d'affronter les mers. Nous espérons que les avaries ont été réparées, mais il nous semble que les sommes qui ont servi à renflouer nos navires eussent été mieux employées à la construction de nouveaux cuirassés ou de fusils Lebel.

Ainsi, lors même que la politique qu'ils ont suivie, au Tonkin, pendant cette dernière législature, constituerait l'unique grief à articuler contre les républicains parlementaires, ce grief nous paraîtrait plus que suffisant pour signaler ceux-ci à la réprobation du corps électoral entier. Oui, les ministres et les députés, qui ont continué cette entreprise lointaine, sanglante, ruineuse et inutile sont incapables et indignes de diriger plus longtemps les destinées de la France.

Mais le Tonkin n'est que la goutte de... sang qui fait déborder le vase. En effet, depuis 1885, si nous exceptons le trop court passage du général Boulanger aux affaires, les divers gouvernants, issus des intrigues parlementaires, par leurs inconséquences, par leurs platitudes, par leurs lâchetés n'ont valu à notre Patrie que des avanies et des humiliations.

En Italie, un Crispi nous harcèle de ses insolentes rodomontades. Il fait violer, au mépris du droit des gens, un de nos consulats. Le gouvernement répond à ces insolentes provocations en déplaçant notre consul, M. Le Baigue, en rappelant notre ambassadeur, M. le comte de Moüy. Il est vrai que la famille Floquet trouve une compensation à cette atteinte portée à la fierté nationale, puisque le neveu de l'ex-président du conseil, M. Mariani, s'en va remplacer au Quirinal le diplomate désagréable à M. Crispi.

En Allemagne, nos nationaux sont traqués comme des bêtes fauves, heureux lorsqu'ils ne sont pas assassinés comme le garde-chasse Brignon. Dix années de forteresse pour qui est suspect d'aimer sa patrie de naissance! L'acquittement pour qui loge une balle dans la tête d'un chien de Français! Chez nous, l'acquittement pour le Teuton convaincu d'espionnage et la condamnation pour le colonel patriote de Châteauroux, qui engage ses soldats à rendre à l'ennemi mauvais procédé pour mauvais procédé, haine pour haine!

Nos confrères de la presse française sont expulsés de Berlin. Les journalistes allemands reçoivent à Paris, des subsides officiels pour insulter un général français.

Cependant l'Angleterre plante, dans l'Océanie, son pavillon sur des îlots qui sont notre propriété indiscutable. Interrogés à la tribune nos ministres déclarent lâchement qu'il ne leur reste plus qu'à s'incliner devant les faits accomplis.

Par exemple l'épiderme de nos ministres devient extraordinairement chatouilleux, leur ardeur belliqueuse se réveille tout à coup, lorsqu'il s'agit de massacrer, à Sagallo, des vieillards, des femmes et des enfants! Ne savent-ils pas que si, par cet odieux attentat, ils froissent les succeptibilités d'une nation amie, ils n'ont cependant rien à redouter d'elle, la Russie depuis longtemps ne confondant plus la France avec la bande qui la gouverne?

A genoux devant un Crispi, à plat-ventre devant les fantoches de la force! Feu sur Atchinoff et ses compagnons! Sus aux faibles!

Tel est le rôle auquel les politiciens parlementaires, sans autre souci que celui de leurs intérêts personnels, ont abaissé une des premières nations de l'Europe. Qu'importe à cette tourbe de jouisseurs, aux appétits insatiables, que la parole de la France demeure sans écho dans les conseils de l'Europe, pourvu qu'ils ne soient pas inquiétés ou même distraits, au milieu de la curée, par les difficultés et les complications extérieures !

Et voilà pourquoi ils distribuent les ordres du jour de confiance aux ministres dont les commères s'en vont caqueter dans les salons de madame de Münster, divulguant les délibérations prises en conseil des ministres !

Et voilà pourquoi ils veulent être représentés à l'extérieur par des hommes sans tact et sans fierté, qui en ont l'air et la chanson, — instruments dociles des volontés de M. de Bismarck !

Et voilà pourquoi ils sont représentés par des agents, qui sont prévenus devant les tribunaux d'homicides par imprudence, de faux en écriture publique et d'escroqueries !

Et voilà pourquoi, à chaque instant, ils font intervenir l'étranger dans leurs luttes électorales et parlementaires, s'imaginant qu'ils ont ravalé la dignité nationale au niveau de la leur !

Que pensez-vous de cette politique, patriotes de toutes nuances ? Fils des géants de Jemmapes et de Valmy, descendants des héros de Rocroi et de Fontenoy, survivants de Patay et de Loigny, le rouge ne vous monte-t-il pas au visage ? Vous plaît-il, dans l'attente chimérique d'un Roi ou par la crainte saugrenue d'un dictateur, d'abandonner plus longtemps votre patrie aux mains de ceux qui la déshonorent et la trahissent, aux mains de ceux qui préfèreraient la voir réduite au rang de principauté monégasque plutôt que de renoncer à la perspective de portefeuilles ministériels, bourrés de fonds secrets?

— « Pas de Sedan! » avaient le cynisme de s'écrier en cœur quelques jours avant le 27 janvier, tous les repus du parlementarisme.

Paris a répondu, vous ne tarderez pas à répondre après lui : « plus de Tonkinois! plus de commissionnaires de Bismark! Plus de ces hommes qui ne pensent et n'agissent que sur les conseils et sur les ordres du chancelier allemand! »

III

LA RÉPUBLIQUE PARLEMENTAIRE ET LA POLITIQUE INTÉRIEURE.

Là nous n'avons devant nous que des décombres. De fond en comble, de la base au sommet, la République parlementaire a bouleversé l'édifice social et politique. Il n'y a plus de constitution! Il n'y a plus de gouvernement! Il n'y a plus de pouvoirs publics! Les institutions primordiales de tout Etat organisé ne fonctionnent plus! Les épaves de la fortune de la France jonchent le sol! Il n'y a plus rien! Il ne reste plus rien debout.

L'embarras est de déblayer le terrain et, au milieu de tant de ruines confondues pêle-mêle, amoncelées les unes sur les autres, de se reconnaitre afin de pouvoir reconstituer approximativement l'œuvre délétère des parlementaires,

Essayons cependant et, ma foi! tant pis, si nous procédons à bâtons rompus. Regardant d'abord en haut qu'est-ce que nous apercevons?

Quels sont ces fragments? Ce sont les restes de la Constitution, qui n'existe plus, depuis le jour où deux représentants du peuple ont été appréhendés au collet par des argousins, celui-ci comme complice d'un délit imaginaire et celui-là « pour avoir proféré de froides menaces par son silence. »

A côté, voici les débris d'un Président de la République, sans prestige, sans autorité; sans utilité.

Comment en serait-il autrement?

Celui-ci devrait être un magistrat intègre, s'imposant au vote du Congrès par un éclatant passé de services rendus, avec la stricte obligation, une fois investi de ses hautes fonctions, représentant toute la France et non plus un groupe et non plus une coterie — de se tenir scrupuleusement en dehors des luttes et des agitations des partis.

Ainsi le chef de l'Etat, considéré en quelque sorte comme inamovible pendant toute la durée de son mandat, le remplirait jusqu'au bout, épargnant au pays ces crises présidentielles, qui suspendent la marche des affaires intérieures comme extérieures.

Pas du tout! Pour les parlementaires, le Président ne doit être que l'homme lige de la majorité au pouvoir et il ne peut être que l'exécuteur de ses basses œuvres.

Qu'il envisage autrement son rôle qu'il essaie de regimber, la majorité l'aura vite atteint par des ordres du jour perfides et il sera contraint, bon gré mal gré de démissionner, livrant la nation à l'anarchie ou l'exposant aux horreurs de la guerre civile.

C'est là l'histoire de la présidence du maréchal de Mac-Mahon. C'est là l'histoire de la présidence de M. Jules Grévy.

Loin de nous la velléité de tenter d'entreprendre, même avec les plus expresses réserves, la défense du beau-père de M. Wilson. Il est pour nous le complice de son gendre; nous le rendons solidairement responsable de ses méfaits; nous sommes convaincu que les deux noms seront cloués au même pilori d'infamie.

Nous prouvons simplement que la République parlementaire, en lui enlevant ses garanties de stabilité — qui étaient sa seule raison d'être — n'a plus fait de la Présidence de la République qu'un rouage encombrant et dispendieux.

M. Carnot, qui a succédé à M. Grévy dans les étranges circonstances que l'on sait, qui doit son élection non pas à la transcendance de son mérite mais à l'horreur qu'inspirait le nom d'un de ses concurents, irait-il en supposant — supposition heureusement inadmissible — que la France consentît un nouveau bail de quatre années avec l'opportunisme, irait-il jusqu'au terme de sa présidence?

Allons donc! Ne voulait-il pas déjà vider les lieux, le lendemain de l'élection de la Seine? Et son mandat n'est-il pas remis sur le tapis, à chaque chute et à chaque formation de cabinet? Du reste, à peine entré à l'Elysée, M. Carnot a bien pris le soin de déclarer qu'il n'entendait être, lui aussi, qu'un instrument au service d'une faction pour molester et opprimer les factions adverses.

Aussi quoi de surprenant si, aujourd'hui, dans le pays, le Président de la République ne jouit pas de la plus infime notoriété, de la plus modeste considération, si, aux yeux de ses partisans, il passe pour la doublure usée du Président du Conseil et, aux yeux de ses adversaires, pour un bourreau lilliputien. On peut tenir la gageure que si, demain, il prenait fantaisie au premier magistrat du pays d'adresser la parole à celui-ci, sa voix serait moins écoutée que celle d'un fabricant de pastilles ou d'un débitant d'onguents.

La notoriété du Parlement est plus grande; son prestige n'est pas plus considérable.

Tout le monde s'occupe aujourd'hui plus ou moins de politique, fourre plus ou moins souvent son nez dans un journal; eh bien! Allez aux champs, pénétrez dans l'usine, franchissez la porte de l'atelier, interrogez indistinctement le paysan et l'ouvrier et vous entendrez en quels termes flatteurs il vous parlera de ses mandataires, quelles épithètes amères il accolera à leurs noms. Les membres du Parlement ne se font pas du reste la moindre illusion à cet égard.

Il y a quelque temps, par les soins d'un journal de Paris, auquel nous avons un tantinet collaboré, les terrasses de la place de la Concorde, les arbres des Champs-Elysées, les murs du Palais-Bourbon furent tapissés de placards ainsi libellés : « **A bas les Voleurs!** » Nos honorables se reconnurent aussitôt visés par l'affiche de la *Cocarde*. Il y a quelques jours un député de l'Indre, M. Lejeune, laissait échapper cette apostrophe malsonnante « **Canailles** »; toute la gauche parlementaire de bondir sous l'outrage et de se précipiter sur l'interrupteur!

Les mandants ont-ils tort de traiter aussi sévèrement leurs mandataires? On est bien près de les excuser lorsque l'on songe que le Parlement a renfermé des gredins avérés comme Marius Poulet,

Brutus Bouchet, Savary, Donnot, etc.... qu'il renferme un être de la trempe de Wilson qui, pendant plusieurs années, a été le grand oracle de la commission du budget, tour à tour son président et son rapporteur général, qui a été le généreux dispensateur de tous les emplois publics, faisant les receveurs des finances. sacrant les magistrats, déplaçant les préfets, distribuant la croix des braves ; lorsque l'on pense qu'à côté de ceux-là, qui ont eu le tort immense de se laisser prendre la main dans le sac, il en est d'autres dont le nom est sur toutes les lèvres, qui ont trafiqué aussi effrontément de leurs mandats, qui ont abdiqué toute dignité en se commettant dans des entreprises louches et véreuses, qui ont édifié leur fortune personnelle sur les ruines de la fortune publique.

La masse électorale n'avait pas besoin des révélations de cet infortuné Numa Gilly pour être complètement fixée sur la moralité de certaines hautes personnalités de la République parlementaire. Elle savait pertinemment ce qui se cachait d'inavouable derrière les conventions « scélérates » ; elle n'ignorait pas que si des actionnaires bonasses avaient été ruinés dans telles ou telles Sociétés financières, il était des administrateurs, plus habiles qu'honnêtes, qui avaient encaissé autre chose que des saucissons de Lyon.

En dehors de ces pénibles considérations, la nation ne manque pas d'autres bonnes raisons pour mépriser ses élus.

Qu'ont-ils fait pour elle depuis quatre années ? Quelles réformes sérieuses et pratiques ont-ils réalisées dans l'intérèt de leurs électeurs? Quelles promesses ont-ils tenues? En quoi la législature qui finit a-t-elle été moins stérile que celle qui l'avait précédée?

Dressons impartialement le bilan des travaux parlementaires accomplis depuis le mois de novembre 1885 jusqu'aujourd'hui.

Deux lois — pas une de plus, pas une de moins — deux lois sans portée : l'une qui établit la responsabilité des patrons dans les accidents de travail, l'autre qui réglemente le travail des femmes, ont été votées après une longue discussion, confuse et incohérente.

Que sont devenues les autres parties de ces programmes mirifiques à l'aide desquels on avait surpris encore une fois — la dernière — la confiance de la majorité électorale?

— « Pas d'impôts nouveaux, pas d'emprunts nouveaux, économie dans les finances » s'étaient écriés, en 1885, les candidats conservateurs. Leurs concurrents républicains avaient copié la formule.

Or, le premier acte du gouvernement a été une demande d'emprunt de plusieurs centaines de millions et le premier vote de la Chambre de 1885 a été pour autoriser cet emprunt.

Nos feuilles d'impositions disent éloquemment quels chiffres d'impôts nouveaux nous avons à supporter. La part contributive de chaque contribuable qui, en 1885. s'élevait à la somme respectable de 82 fr. — 13 francs de plus qu'en 1876 — dépasse en 1889, celle de 87 francs.

Quant aux économies, il suffit de comparer le

budget de 1886 avec celui de 1890, tel que viennent de le voter les deux Chambres. Nous constaterons pour 1890 une augmentation de dépenses de **DEUX CENT TREIZE MILLIONS.**

A comparer simplement le budget de 1890 avec celui de 1889, nous trouvons pour le présent exercice une aggravation de **dix millions** de dépenses ordinaires et de cent millions de dépenses extraordinaires. Il est bon d'ajouter que l'amortissement qui était fixé, il y a quelques années à 200 millions, est réduit, cette année, à 15 millions. Rappelons enfin, pour en finir avec ces chiffres ennuyeux, mais décisifs dans le débat qui nous occupe, rappelons que le budget de 1875 se montait à **deux milliards six cent vingt mille francs**, y compris la dotation de 200,000,000 fr. pour l'amortissement, tandis que celui de 1890 atteint **trois milliards trente-six millions neuf cent soixante-quatorze mille huit cent vingt-cinq francs**, non compris le budget extraordinaire, les budgets départementaux et les budgets communaux.

C'est fabuleux !!!

Dans le *bilan de la troisième République* nous avons exposé les causes de cet accroissement insensé des dépenses : expéditions lointaines, multiplication à l'infini des sinécures, dans le but d'y caser des courtiers électoraux influents, contrats onéreux passés entre l'Etat et les particuliers pour les fournitures et les travaux publics à la place d'adjudications avantageuses, chemins de fer électoraux, palais scolaires, etc.

C'étaient précisément ces abus que les républicains avaient promis de corriger, ces gaspillages qu'ils s'étaient engagés à refréner, dans leurs programmes de 1885. Mais les élus se sont hâtés d'oublier les paroles et les écrits des candidats. Dès le mois de novembre 1885, ils ont repoussé l'évacuation du Tonkin. Puis, au lieu d'étudier un plan sérieux de réformes administratives, ils ont, par ci par là, au hasard, rogné des crédits insignifiants dans certains chapitres du budget — ce qui n'a procuré aucun allègement sensible dans les charges budgétaires. Le plus souvent, du reste, les crédits refusés la veille étaient rétablis le lendemain ; c'est ainsi que MM. les sous-préfets émargent toujours au budget. Bien plus, le Gouvernement, afin de s'assurer le concours de tel ou tel député influent de la majorité, sous les dénominations les plus baroques, a créé de nouvelles catégories de fonctionnaires. On cite le cas d'un ami de l'ex-ministre Deluns-Montaud qui vient d'être promu inspecteur des cuisines du Président de la République.

A l'extrême rigueur, on pourrait pardonner au Gouvernement et à la majorité le maintien en place de tous ces inutiles et de tous ces parasites, s'ils avaient essayé de réduire le chiffre exorbitant des dépenses, d'équilibrer le budget, en s'efforçant de réaliser la dixième partie seulement des réformes qui s'imposent dans un état démocratique. Ah bien ! oui. Les ministres des finances se sont succédé nombreux depuis 1885 ; radicaux et opportunistes ont été également impuissants, également incapables. Chaque exercice budgétaire a été la copie servile de celui qui l'avait précédé — avec un supplément de plusieurs millions de dépenses. Budget d'attente le budget de M. Rouvier! Budget d'attente le budget de M. Tirard! Budget d'attente le budget de M. Peytral! *Rebudget* d'attente le budget de M. Rouvier, que les Chambres viennent de voter! Et, à l'aurore du xxe siècle nous en serions toujours aux budgets d'attente de sept ou huit milliards, si les contribuables n'allaient pas bientôt réformer les réformateurs actuels. Rendant toutefois à Peytral ce qui lui appartient, nous reconnaîtrons que ce pharmacien de la Cannebière avait trouvé, comme panacée à la crise, de faire courir l'année financière de juillet à juillet au lieu de janvier à janvier. Baron Louis, pends-toi!

Tous ces budgets d'attente pouvaient, au moins, être confectionnés et votés en deux séances — le temps matériel au Méline de la Chambre d'épeler chaque article. Mon Dieu! que vous connaissez mal le mécanisme des institutions parlementaires La discussion du budget offre aux députés un excellent terrain pour nouer les coalitions les plus bigarrées et, grâce à elles, renverser les ministères qui paraissent les plus inébranlables. Aussi, les ministres qui, en bon pères de famille, tiennent à jouir le plus longtemps possible de leurs portefeuilles et des avantages, qui y sont adhérents, s'arrangent-ils de façon à retarder cette discussion jusqu'aux derniers jours de l'année, au risque d'être obligés, comme en 1886 et 1887, de recourir aux expédients honteux des douzièmes provisoires. Les députés, de leur côté, dont l'attente a aiguisé la fringale ministérielle, ne votent pas le plus modeste article du budget, sans le passer au crible de leurs amendements saugrenus, si bien que les débats se prolongent fastidieux des deux et trois mois.

Ces critiques ne visent en rien les hommes éminents, qui ont l'habitude d'intervenir dans la discussion générale, pour donner au Gouvernement et à la majorité des avis sensés que malheureusement la passion empêche d'entendre.

Si la Chambre n'a voté aucune loi, réalisé aucune réforme, étudié aucun budget, à quoi donc a-t-elle consacré les quatre années de la législature qui expire? Feuilletons la collection du *Journal officiel*. Nous compterons d'abord une quarantaine de séances perdues en interpellations oiseuses, développées par des compères du cabinet; autant de gaspillées en scrutins insignifiants. MM. les questeurs et MM. les secrétaires, qui se sont levés du mauvais côté, démissionnent en octobre, on les renomme en novembre pour les réélire en janvier; autant de séances levées à peine ouvertes, pendant la laborieuse gestation des replâtrages ministériels. Au lendemain de ces replâtrages, vingt séances où la Chambre écarte la plus anodine discussion dans la crainte de renverser le cabinet qui a eu tant de peine à venir au monde avec des apparences de viabilité. A la veille des crises ministérielles, vingt séances où l'on discute de tout, à brûle-pourpoint, à bâtons rompus, de façon à culbuter, sur n'importe quelle question, sous n'importe quel prétexte, les Excellences dont on envie le traitement et les coups de Bourse. A deux reprises différentes, plusieurs mois employés à l'élaboration de la loi militaire, dont toute l'économie est renversée en un seul jour par l'adoption d'un amendement inepte. Ce n'est cependant pas tout; si nous lisons attentivement la première page de l'*Officiel*, nous y rencontrons un amas de lois, votées à mains levées, pendant le brouhaha qui suit la lecture du procès-verbal, par une vingtaine de députés qui n'en connaissent pas la teneur, lois qui autorisent ou contraignent les départements et les communes à s'endetter au-delà de leurs ressources.

Il serait oiseux de parler ici du Sénat, qui siège une fois par semaine et une demi-heure chaque fois, et dont le rôle consiste soit à enregistrer plus ou moins bénévolement les incohérences politiques et financières de la Chambre, soit à laisser moisir dans les archives de ses commissions les projets qui ont déjà sommeillé un an dans les cartons du Palais Bourbon.

Telle Chambre; tel gouvernement; tels députés, tels ministres.

En effet, d'après le système actuel, les ministres devant être choisis par le président de la République dans la majorité de la Chambre, on se soucie en général assez peu de consulter l'opinion et de ménager les susceptibilités du Sénat, il est évident que le conseil des ministres est l'image fidèle de la majorité parlementaire.

Que cette majorité soit unie, laborieuse, libérale, préoccupée en toutes circonstances des seuls intérêts du pays, vous aurez un ministère homogène, prenant l'initiative des réformes à réaliser, appuyant de son autorité celles qui émanent de l'initiative parlementaire, réprimant les abus ou les excès de zèle des fonctionnaires, s'inspirant, dans tous ses actes, des vœux de la nation.

Mais si la Chambre est divisée en une infinité de groupes disparates — et c'est la conséquence immédiate du régime parlementaire, c'est la conséquence qui découle fatalement de ce fait que les ministres sont pris dans le Parlement — comment dégager la majorité ? Alors le président de la République essaie d'imposer ses créatures, les députés se livrent, entre eux, dans les couloirs, à des marchandages de portefeuilles éhontés. Alors, on voit naître ces cabinets baroques, alors apparaissent ces ministres concussionnaires et prévaricateurs, qui décrètent des expéditions lointaines pour enrichir leurs frères et cousins, qui arrangent des conventions pour acquérir « une honnête aisance », qui colportent à la Bourse de sinistres nouvelles pour écumer, à la baisse, des millions ; qui acceptent des livraisons de denrées pourries, de souliers aux semelles de carton pour nos soldats, moyennant remise de pots de vin ; qui frustrent le Trésor des droits d'enregistrement, qui lui sont dus ; qui n'usent du sceau officiel que pour signer les nominations de tous les membres de leur famille et de leur clientèle électorale à des emplois publics grassement rémunérés ; ces ministres, hier bohèmes faméliques, en quête d'un dîner, aujourd'hui millionnaires, étalant insolemment leur luxe dans de splendides hôtels et dans de somptueux équipages.

Tant que l'assiette au beurre était remplie, en conviant les députés à barboter avec eux dedans, les ministres ont pu vivre en bonne harmonie avec la Chambre de quinze à dix-huit mois. Maintenant qu'elle ne contient plus que quelques maigres rogatons, c'est à qui les dévorera ; il s'est formé autant de groupes qu'il y a d'appétits inassouvis ; un ministère est incapable de se maintenir au pouvoir plus de six mois. Si les électeurs nous renvoyaient une chambre taillée sur le patron de celle de 1885, il n'est pas téméraire de prévoir qu'à chaque jour ne suffirait pas sa crise ministérielle.

En effet, nous sommes aujourd'hui édifiés sur le compte de ces cabinets de concentration chers à M. Ranc. En vain, sont-ils panachés lors de leur formation des *leaders* de tous les groupes de la Chambre, en vain, pour le succès de la combinaison, le président du Conseil offre-t-il le portefeuille des finances au pharmacien extrême-gaucher Peytral et celui des travaux publics à l'avocat union-gaucher Deluns-Montaud, en vain rencontre-t-on le protectionniste opportuniste Fallières à côté du radical libre-échangiste Yves-Guyot, en vain, pour s'assurer le concours des diverses fractions de la majorité du Parlement, les danseurs occupent-ils tous les emplois des calculateurs, en vain, dans des déclarations aussi vides que déclamatoires, les ministres concentrés se présentent-ils devant les députés avec l'engagement solennel de ne prendre l'initiative d'aucune réforme, dans la crainte de froisser et ceux qui estimeraient qu'ils font trop et ceux qui estimeraient qu'ils ne font pas assez —

tous, du reste, réformateurs de même calibre ; — en vain, ces eunuques, dans les discussions, répudient-ils tout leur passé, renient-ils tous leurs programmes, trahissent-ils toutes leurs amitiés, au premier souffle de la tempête, sous l'attaque du plus débile de leurs adversaires, s'effondrent-ils comme des châteaux de cartes.

Depuis les élections de 1885, la France a eu l'inestimable avantage de posséder six cabinets de concentration républicaine, dans lesquels chaque groupe de la majorité avait son os à ronger ; tous les cabinets ont respecté scrupuleusement leurs engagements de *far niente* ; ils ont été généreux jusqu'à la prodigalité envers les députés de la gauche parlementaire — indistinctement — envers les journalistes de la presse officieuse — indistinctement encore ; — le cabinet Floquet, dont tous les membres étaient partisans du scrutin de liste, a énergiquement soutenu le scrutin d'arrondissement ; et tous, tous, sont misérablement tombés après une douloureuse agonie.

Tombés, non pas sur des questions de principes ! Ministres et députés se soucient à peu près autant des principes que du Panama. Tombés en vertu de cet adage implacable, qui est la vraie et la seule raison d'être du parlementarisme : « Ote-toi de là que je m'y mette. »

Les preuves ! Elles foisonnent. M. Goblet a été renversé sur la question des sous-préfets, et les sous-préfets n'ont pas été inquiétés après sa chute.

M. Tirard a été culbuté parce qu'il ne voulait

pas de la révision. M. Floquet a été cassé aux gages parce qu'il la demandait.

Ce tableau d'ombres ministérielles, qui étale au grand jour la hideuse impuissance du parlementarisme, serait de nature à nous réjouir, nous, les irréconciliables adversaires de ce régime, si nous ne voyions pas, sur un autre plan de la scène, la France humiliée, opprimée et appauvrie.

La France ! qui succombe sous le poids d'un budget tel que n'en supporte aucune autre nation de l'Europe, parce qu'un ministre d'un jour, de quelque bonne volonté qu'il soit animé, ne peut étudier les moyens pratiques pour diminuer des charges accablantes.

La France! qui attend toujours sa charte militaire parce que le ministre de la guerre d'aujourd'hui n'a rien de plus pressé que de défaire l'œuvre à peine ébauchée de son devancier d'hier.

La France ! qui demeure isolée dans l'Europe, en face d'alliances conclues contre elle, les peuples amis se refusant à engager des négociations avec qui — président de la République ou président du conseil — avec qui ne sera plus là demain pour apposer sa signature au bas du traité.

Et ce n'est pas le cabinet, actuellement au pouvoir, qui a modifié la situation que nous exposons. A part quelques monstrueux attentats, perpétrés contre la liberté, il n'a fait ni mieux ni plus mal que ses aînés. M. Rouvier s'est approprié intégralement le projet budgétaire de son prédécesseur. M. Tirard n'est monté à la tribune que pour signaler des factieux qui n'existent pas.

Ainsi que l'écrit un de nos éminents confrères : « Plus ça change et plus c'est la même chose ; on renverse un ministère ; pour le remplacer, on va ramasser tous les morceaux cassés des cabinets précédents, les étoiles hors d'usage, les ténors enrhumés, les jeunes premiers déplumés du parlementarisme, et l'on nous rafistole avec les ruines un ministère qui va faire exactement ce qu'ont fait ses prédécesseurs, c'est-à-dire gouverner d'après la méthode de la concentration républicaine. »

Il est de toute évidence que les agents de différent ordre d'un tel gouvernement ne peuvent guère valoir mieux que lui ; les valets — malheur à eux s'ils essayaient d'être autre chose ! — sont même souvent plus insupportables que les maîtres. Aussi, dans les diverses branches de l'administration, ne constatons-nous qu'arbitraire, incapacité, confusion et désordre.

A la tête des départements, il n'y a plus de préfets pour veiller à la sauvegarde des intérêts des communes, pour s'enquérir de leurs légitimes besoins, pour faire droit à leurs justes réclamations. Il serait cent fois plus facile au chameau de l'Evangile de passer par le trou d'une aiguille qu'au préfet de connaître les noms des communes du département qu'il administre. Lorsqu'ils ont à entretenir ce haut fonctionnaire d'affaires urgentes, les magistrats municipaux sont reçus par son chef de cabinet, qui les adresse à un chef de bureau, qui les renvoie à un clerc expéditionnaire, sur le pupitre duquel se morfondent les dossiers. Il est vrai que M. le préfet est rarement présent à son poste. Il court sans cesse sur la route de Paris; le plus souvent, lorsqu'il y arrive, pour saluer son nouveau chef hiérarchique et solliciter ses bonnes grâces, ce dernier, renversé la veille par un de ces votes abracadabrants dont la Chambre a le monopole, déménage de la place Beauveau. M. le préfet ne s'émeut pas pour si peu. Il attend, dans les couloirs du palais Bourbon, que son successeur ait emménagé pour lui apporter son tribut d'inaltérable dévouement. A ses courtes apparitions au chef-lieu de département, l'hôtel de la préfecture est transformé en un club électoral, où, lorsqu'il ne prépare pas sa propre candidature, le préfet s'occupe d'imposer aux futurs congrès celle de quatre ou cinq pachas de comités sans influence. De temps en temps aussi, pour affirmer son existence, il suspend un maire, qui a reçu à dîner un ami; il révoque un garde-champêtre, suspect de boulangisme; il supprime le traitement d'un pauvre diable de curé de campagne qui a médit, en chaire, de la République, devant dix vieilles femmes; enfin, s'il est accusé de modérantisme, il demande à son ministre la faveur d'organiser un guet-apens dans le genre de celui d'Angoulême.

Le sous-préfet circule un peu moins sur les lignes ferrées, ne s'intéresse pas davantage à ses administrés et, lui aussi, ne perd pas l'occasion de se signaler à la bienveillante attention de ses chefs et des comités omnipotents de son arrondissement : Témoin celui d'Issoudun, qui interdit formellement la vente des journaux boulangistes; témoin celui de Boulogne, qui fait stopper un train de voyageurs pendant plus d'une heure, afin d'avoir le loisir de déjeuner tranquillement ; témoin celui de Vitré, qui dénonce un colonel coupable d'avoir accompagné à sa dernière demeure la dépouille funèbre d'un ami.

Aussi, avec une telle administration, certains maires n'ont-ils pas besoin de se gêner. Celui de la Voulte est pris la main dans l'urne, celui de Saint-Jean-d'Angély, fomente la guerre civile dans sa commune, celui de Saint-Vincent-du-Boullay (Eure), révoque, par un arrêté, la bonne du curé de la paroisse, et ils conservent leurs écharpes, tandis que l'infortuné Numa Gilly est trois fois victime des foudres administratives, parce qu'il a osé dire et écrire que la République devait être un gouvernement honnête.

A dire vrai, préfets et sous-préfets sont excusables de leur incurie administrative dans une très large mesure. Pourquoi, en effet, rempliraient-ils avec zèle les devoirs de leurs fonctions ? Ne savent-ils pas que, du jour où ils répartiraient équitablement les faveurs administratives entre tous, cessant d'être les serviteurs de quelques individus malfaisants, ils seraient aussitôt disgraciés par un gouvernement qui ne veut pas entendre parler d'apaisement et de réconciliation. En dehors de cette considération, ne sont-ils pas habitués, depuis que la République existe en droit et en fait, à faire tous les six mois un chassé-croisé du Nord au Midi, de l'Est à l'Ouest ? Alors, à quoi bon s'initier aux usages, aux besoins, aux hommes d'un département qu'on quittera dès qu'on les connaîtra ?

Enfin, comment se guider, au milieu des circulaires contradictoires — confidentielles ou non — accumulées sur les bureaux des préfectures et des sous-préfectures ? On recommande, un jour, aux fonctionnaires, d'éviter avec les plus grand soin de se jeter dans la mêlée électorale ; le lendemain, on leur enjoint d'être les agents zélés de la candidature officielle.

La justice va sens dessus dessous comme l'administration ; à part quelques rares exceptions, la magistrature assise ne rend plus des arrêts, mais des services. La Cour d'appel de Paris acquitte Wilson et condamne Caffarel ! Le tribunal de La Rochelle condamne Hervé et renvoie indemne un assommeur dont le nom nous échappe. Le tribunal de Saint-Jean-d'Angély punit d'une simple amende le gredin Perrin qui a tiré un coup de revolver chargé sur le général Boulanger et le tribunal de la Seine frappe de trois mois de prison le fou Perrin qui a tiré à blanc sur le président Carnot. Quant à la magistrature debout, elle est à peu près digne du Q. Beaurepaire, qui est un de ses plus hauts représentants. — Le procureur de Lourdes laisse étrangler une petite fille plutôt que de perdre quelques gorgées de son verre d'absinthe ; celui de La Flèche se fait souffleter dans un bal. Nous avons connu, dans le Midi, un juge-de-paix qui, en matière de revision des listes électorales, inscrivait ou rayait un citoyen suivant que son nom était précédé d'un croix bleue ou rouge, tracée par le maire opportuniste de la localité.

Si nous suivions une à une chaque branche des

divers services publics, nous bornant simplement à signaler les faits scandaleux que nous cueillons et que nous notons au jour le jour sur un agenda, — scandale du Comptoir d'Escompte, scandale du Procès de Nancy, scandale d'Angoulême, scandale Trarieux, scandale Baral, scandale des Etablissements Cail, scandale Jacques Meyer, scandale Soubré-Cadiot, pour ne parler que des évènements d'hier, — un in-8° de mille pages serait insuffisant pour relater tous les abus et tous les ridicules du régime parlementaire. Il serait cependant dommage de priver nos lecteurs de la prose des potaches du lycée de Toulouse. Cet inénarrable document prouve quelle pétaudière est devenue l'université, avec la fausse République d'aujourd'hui.

« Les élèves du lycée de Toulouse protestent unanimement contre l'élection du général Boulanger à Paris et invitent leurs camarades des autres lycées à se joindre à eux et à *manifester* de leur dévouement pour la République menacée.

« Si les Parisiens ont oublié leur devoir de Français, les élèves du lycée, eux ne l'oublieront pas.

« Vive la France : Vive la République.

« Fait au lycée le lundi 28 janvier à dix heures du matin. »

Après celle-là il faut tirer l'échelle, n'est-ce pas? Heureuses les Cornélies du Languedoc qui ont enfanté de tels Gracques! Enfoncés comme leurs bérets MM. les étudiants du quartier Latin.

Ce mélange d'impuissance et d'incapacité, ce

gâchis d'incohérence et de désordre, cet amalgame d'odieux et de ridicule, en haut, ont eu pour résultante inévitable, en bas, la gêne, la détresse et la misère.

Jamais la situation du petit n'avait été aussi précaire que maintenant.

Personne n'a plus confiance dans un gouvernement qui en est réduit aux expédients.

Partant il n'y a plus de crédit.

L'usine éteint ses fourneaux; l'atelier se ferme, l'ouvrier est sur le pavé!

Celui qui travaille ne gagne pas de quoi nourrir la famille; il se met en grève; il a le ventre vide; la faim est mauvaise conseillère, il voit rouge. Alors, il s'en prend au patron, qui souvent n'en peut mais. Le voilà en prison et, pour manger du pain, les siens devront tendre la main.

La situation des campagnes est aussi navrante.

Le fermier ne peut plus payer ses termes.

Le petit propriétaire — le vrai fils de la Révolution — la vraie base de notre France démocratique, ne récolte pas assez pour acquitter ses lourds impôts. Il aliène à un prix dérisoire son lopin de terre — fruit des durs labeurs des vieux — et, avec ce lopin de terre, son indépendance.

Le petit rentier a disparu. Ses économies ont été dévorées dans des sociétés malhonnêtes, que le gouvernement, que les sénateurs, que les députés patronnaient ou dans des sociétés honorables, au but patriotique, que les chambres et le gouvernement ont laissé sombrer.

Les petits commerçants, les uns après les autres, déposent leur bilan.

Est-ce le sort du petit employé qui est meilleur ? Sans doute les fonctionnaires de la République parlementaire coûtent annuellement cent et quelques millions de plus que ceux de l'Empire ; mais ces millions ont été seulement répartis entre les gros et les inutiles ; du petit, là comme ailleurs, le gouvernement n'a eu nul souci ; les vivres ont augmenté, ses modestes appointements sont demeurés stationnaires ; depuis deux ans même, les gratifications qu'il avait coutume de toucher servent à alimenter la caisse des fonds secrets, à ressusciter le journal révolutionnaire *La Bataille*, à subventionner les Gazettes allemandes. Et malheur à lui si, écrasé par les charges du décorum, il s'avisait de protester, se plaignant de ne pouvoir joindre les deux bouts ! Eût-il un passé de vingt années de loyaux services, il serait immédiatement cassé aux gages comme suspect soit de boulangisme, soit de cléricalisme, selon le vent qui soufflerait place Beauveau et suivant les passions du moment des sectaires de la majorité que le gouvernement aurait intérêt à satisfaire.

Voici au surplus, quelques citations singulièrement instructives et qui nous dispenserons de plus amples commentaires.

On lit dans la *Gazette agricole*, de Lyon :

S'il est certain que l'Exposition profite à Paris, on ne peut pas en dire autant de la Province, c'est une constatation qui s'affirme de plus en plus et il existe un malaise général qui n'est plus à dissimuler...

Dans la *Revue vinicole*, M. Paul Taquet s'exprime ainsi :

L'Exposition ne suffit pas. La prospérité relative qu'elle donne à certains marchés est toute passagère. Pendant que nos plaintes se multiplient, la pieuvre fiscale étend de plus en plus ses tentacules sur le budget. L'avenir reste sombre.

Et le Conseil général de la Marne? Et la Chambre de Commerce de Tours? Et le Syndicat de Lille? Tous unanimes pour déclarer « que la situation économique de la France est des plus graves, qu'une partie de la nation est à la veille de la ruine, que les cultivateurs *n'en peuvent plus* ».

Lisez maintenant la déclaration de la Chambre de Commerce de Perpignan :

Malgré l'Exposition, la situation économique, loin de s'améliorer, n'a fait qu'empirer. On n'a pas d'idée, à Paris, de la détresse dans laquelle la campagne est plongée. C'est la misère, la douleur, bientôt le désespoir. Il ne faut pas se faire illusion.

IV.

LE PARTI NATIONAL

Ainsi, d'un côté, le plus détestable des gouvernements qui, à l'extérieur, a amoindri le prestige, compromis la sécurité de la France; à l'intérieur, a tari les sources du crédit national et de la fortune publique, abouti au déficit budgétaire sinistre avant-coureur de la banqueroute qui, politiquement, s'est immobilisé dans le *statu quo* de l'impuissance, capable seulement de lois de réaction contre la liberté et contre le droit. En résumé, un gouvernement essentiellement malfaisant, dont la véritable devise serait : « **Abaissement, anarchie, misère, ruine.** »

Et, de l'autre côté, une opposition monarchique sans but, sans direction, sans popularité, excellant, elle aussi, à bouleverser, à renverser, à détruire; absolument inhabile à édifier.

En présence de ces deux lamentables constatations que devaient faire — nous reprenons, en l'élargissant, la question que nous posions au début de cet opuscule — que devaient faire cette légion de gens honnêtes, qui appartiennent à un parti sans pour cela lui être inféodés?

Les conservateurs avaient-ils à se soumettre au gouvernement actuel avec l'espoir que celui-ci, débarrassé d'une opposition gênante et tracassière, serait susceptible de s'amender ?

Espoir plus que chimérique ! Vers 1880, séduit par le charme irrésistible de Gambetta, beaucoup de monarchistes ont tenté de « l'essai loyal » auquel les avait conviés M. de Marcère. Leur bonne volonté a été stérile : la situation du pays n'a fait qu'empirer. C'est que le parlementarisme est un mal constitutionnel dont aucun remède ne saurait atténuer les effets pernicieux.

Concevez-vous les républicains tendant la main aux conservateurs ? A quel genre de conservateurs d'abord ?

Aux impérialistes ou aux royalistes que les hasards d'un scrutin peuvent bien réunir momentanément, mais que sépare un abîme politique infranchissable ?

Qu'importe du reste ! La conception est absolument irréalisable ; quelques bourgeois peuvent évoluer à droite ; les couches profondes de la démocratie, imbues de préjugés — fondés on non, mais indéracinables — elles l'ont prouvé dans toutes les manifestations du suffrage universel — ne veulent pas entendre parler de monarchie. Elles sont et resteront inébranlablement attachées à la forme républicaine.

Donc alliance des conservateurs avec les républicains parlementaires ; alliance de la bourgeoisie républicaine avec les conservateurs, c'était toujours le même embourbement dans le même chaos.

Pour tirer la France de l'ornière où elle pataugeait un nouveau parti, répondant aux exigences de la situation devait surgir.

Ce parti a surgi !

C'est à lui que nous nous sommes ralliés, dès la première heure, c'est à lui que se sont déjà ralliés, avec un empressement et une joie patriotique, des milliers de citoyens.

C'est à lui que se rallieront demain tous ceux qui aiment leur pays avant toutes choses.

Ce parti s'appelle le parti national ; il a pour chef le général Boulanger, son programme se résume dans cette admirable formule : **Tout par le peuple pour le peuple.**

Le parti national! Ce nom nous dispensera de longs commentaires. Il indique que ce n'est pas une nouvelle coterie, un nouveau groupe, une nouvelle secte, qui sont venus s'ajouter aux sectes, aux groupes, aux coteries dont les membres se sont syndiqués, pour mieux défendre leurs intérêts personnels, pour mettre plus facilement la France en coupe réglée.

Le parti national, au contraire, est la fin des groupes, la suppression des coteries, l'anéantissement des sectes. Il combine les éléments disparates, assemble les morceaux épars pour en former un tout indissoluble et irréductible. Ce sont les enfants de la même mère, oubliant leurs dissentiments, groupés autour du foyer natal et assis devant un banquet fraternel; ce sont les enfants de la même patrie, cessant d'éparpiller leurs efforts, pour lui apporter, sans marchander, le concours de toutes leurs bonnes volontés et de tous leurs dévouements.

Assez de ruines entassées! Il est temps de rebâtir!

Plus de proscriptions! La réconciliation générale!

Place à la République ouverte, à la République réformatrice, à la République de nom et en fait!

« Mensonge! — protestent en chœur les parlementaires qui se sentent menacés dans leurs exorbitants privilèges — le chef du Parti national aspire à la dictature! les membres du Parti national sont les complices des réactionnaires! le Parti national est une succursale honteuse du parti réactionnaire! »

Ces calembredaines et mille autres qui leurs ressemblent constituent le fonds de la polémique quotidienne des feuilles anti-boulangistes; elle sont la monnaie courante des discours de Jocrisse et de Robert-Macaire.

Il faudrait cependant s'entendre.

En effet, en admettant que le chef du Parti national fut un ambitieux dépourvu de toutes espèces de scrupules, le bon sens le plus vulgaire indique que, si le général Boulanger visait à la dictature, il ne pourrait pas en même temps travailler pour le compte des prétendants et *vice versâ*. Le même sentier ne mène pas au four et au moulin!

L'objection s'émousse contre l'entêtement stupide des parlementaires, qui n'en clabaudent que plus fort : « Sus au dictateur! boulangisme et réaction sont synonymes; la preuve c'est que tous les réactionnaires votent pour le général Boulanger. » Avant l'élection de la Seine, ils affirmaient qu'il n'y avait que les réactionnaires à voter pour lui.

Sans doute, beaucoup de réactionnaires ont voté pour le général Boulanger. Mais quels sont ces réactionnaires! Ce ne sont pas les chefs d'état-major, qui passent, en province, pour les *missi dominici* des prétendants. Ceux-là n'ont pas laissé échapper une occasion de manifester leur hostilité contre le général et le Parti national. Dans l'Ardèche, ils ont fait campagne avec les opportunistes — nous n'avançons rien que nous ne soyons en mesure de prouver. — Le 17 juillet, les électeurs de ce département avait à élire un député en remplacement de l'honorable M. Deguilhem, décédé; deux candidats étaient en présence, M. le général Boulanger et un M. Beaussier, chauve-souris parlementaire avec des ailes d'opportuniste et des pattes de radical. M. Beaussier l'emporta sur son concurrent à une assez forte majorité; cette majorité fut écrasante, en sa faveur, dans le canton de Montpézat. Huit jours après, les électeurs de ce canton nommaient un conseiller général en remplacement toujours de M. Deguilhem. Son heureux successeur au Palais-Bourbon briguait aussi sa succession à l'Assemblée départementale, mais cette fois, il fut outrageusement battu par un candidat royaliste, M. de Padin de Lafaye. Dans la Charente-Inférieure, tous les organes royalistes de la contrée, le *Moniteur de la Saintonge*, le *Cha-*

rentais, la *Nouvelliste de Bordeaux* ont recommandé, chaque jour, expressément à leurs amis de ne pas voter pour le général. Enfin, on sait quelle est, vis-à-vis du Parti national, l'attitude de l'organe officiel du royalisme, la *Gazette de France*.

Les réactionnaires qui ont voté hier pour le général, qui demain viendront en masse compacte lui apporter leurs suffrages à lui et à ses amis, ce sont tous les braves gens dont nous avons eu si souvent l'occasion de parler dans cette brochure, qui, comme nous, jaugent toute l'impuissance de l'opposition qui, comme nous, ne s'en sont pas détachés tant qu'ils n'ont aperçu dans la République que des républicains, auxquels un homme d'honneur aurait rougi de tendre la main, qui, comme nous, sont accourus loyalement à la République aussitôt qu'elle a cessé d'être le monopole de politiciens affamés et le réceptable de financiers louches.

Le général Boulanger aspire à la dictature. Voilà qui est très facile à dire et à écrire ! La difficulté est d'étayer une aussi grave accusation sur un semblant de preuve.

Que l'on passe au laminoir toutes les actes écrits, paroles et gestes du général, qu'on les torture par les explications les plus invraisemblables et les commentaires les plus malveillants, ou trouver le côté faible de la cuirasse !

Ministre de la guerre, s'occupe-t-il d'embaucher ses camarades ? Non. Lorsque les travaux de la défense nationale ne l'absorbent pas, il songe aux petits. Il améliore le sort du soldat et du sous-officier; la caserne ne sera plus pour eux une géôle d'où il leur tardera de s'échapper. Ils y trouveront désormais le confortable qui, sans être le bien-être du bourgeois, ne sera plus l'ordinaire du prisonnier; ils y jouiront de toute la liberté compatible avec les exigences de la discipline et de l'instruction militaires.

Un gouvernement infâme, après l'avoir assimilé à un échappé de la cour des Miracles lui brise son épée. Le voici entraîné, malgré lui, dans la lice électorale. Il se présente dans divers départements. Adapte-t-il son programme au tempérament politique des diverses contrées dans lesquelles il affronte la lutte, faisant ici des salamalecs devant les cléricaux, là des avances aux libres-penseurs, radical dans les villes, modéré dans les campagnes? Allons donc! Il trace un programme et n'en démord pas d'un iota. Il s'est placé sur le terrain de la République et il n'en dévie pas d'une semelle. Il est élu; une fois investi du mandat qu'il ambitionnait, va-t-il, comme ses collègues, oublier les revendications de ses commettants, dépenser son activité en intrigues de couloir, composant alternativement avec la droite et avec la gauche, de façon à se créer dans le Parlement un parti puissant qui favorisera ses visées dictatoriales? L'élu reste ce qu'était le candidat, inébranlable dans son programme républicain. Dans ses lettres, dans ses discours, le député débarrassé des préoccupations électorales, ne songe ni à l'atténuer ni à l'exagérer. Pas de ces phrases creuses, de ces périodes ronflantes dans lesquelles il y a à boire et à manger pour tout le monde ! les mêmes déclarations nettes enveloppées dans les mêmes formules précises. Pas de ces projets de loi, où l'utopie coudoie la chimère, destinés à amorcer les badauds, et à jeter de la poudre aux yeux des gogos. — Vrais cautères appliqués sur des jambes de bois, vrais jeux de cirque des Romains. Il ne monte à la tribune que pour y apporter l'expression du dégoût et du mépris de ses électeurs pour le parlementarisme.

Quatre, cinq scrutins lui ont été favorables. Un ambitieux, jusqu'aux élections générales, se garderait bien d'en affronter un nouveau dont sa popularité serait l'enjeu. Ce sont là calculs indignes de l'apôtre d'une idée qui estime qu'il n'y a rien de fait, tant qu'il reste quelque chose à faire. Que lui importe le souci de sa popularité pourvu que la grande cause, à laquelle il s'est dévoué tout entier, avance d'un pas.

Etrange apprenti dictateur en vérité ! que ce citoyen probe dont toutes les actions se passent à l'éclat de la lumière du grand jour, qui ne manque jamais une occasion de parler au peuple de ses droits imprescriptibles et inaliéables, qui suit franchement le droit chemin tracé par la Révolution française, sans s'arrêter aux sentiers détournés, où il pourrait rencontrer et enregimenter de nombreux partisans.

Tel était le général Boulanger à l'heure où, pour l'accomplissement de sa patriotique mission, il n'avait à compter que sur le dévouement de vingt amis sûrs, tel il est aujourd'hui qu'il se sent soutenu par l'immense majorité du pays.

— « Répudiez tel patronage compromettant, lui ont dit ceux-ci, et nous voterons pour vous. » — Le général est demeuré fidèle à ses amitiés.

— « Retranchez telle phrase, biffez tel mot de votre profession de foi, ont réclamé ceux-là, et nous marcherons avec vous. » — Le général n'a pas sacrifié une virgule de ses manifestes politiques. L'appel aux électeurs de la Seine est l'appel aux électeurs du Nord. Le discours de Nevers est la déclaration du café Riche. Le discours de Tours est le discours de Versailles, avec de nouvelles et magnifiques envolées démocratiques.

Et c'est là, mon Dieu ! tout le secret de l'incommensurable popularité de notre chef aimé. Dans son gros bon sens, le peuple, établissant un parallèle entre cet homme qui avait préféré prendre la route amère de l'exil plutôt que de transiger avec sa foi démocratique et ces misérables politiciens qui, pour repaître leurs appétits insatiables, répudiaient tout leur passé, le peuple a compris que le chef du parti national était digne de toute sa confiance ; il la lui a accordée pleine et entière.

Le même phénomène que l'on observe chaque jour dans la vie commerciale, s'est produit dans la vie politique.

Qu'une maison de banque soit administrée par des hommes intégres, qu'elle fasse scrupuleusement honneur à tous ses engagements, qu'elle serve régulièrement les intérêts à ses clients, le nombre de ces derniers ira sans cesse s'augmentant.

Que cette maison au contraire, administrée par

des rastaquouères, laisse protester ses engagements, qu'elle remette au lendemain, puis au surlendemain, les visiteurs qui se présentent à ses guichets, la panique naîtra et les dépôts seront bien vite retirés. Ce sera, à brève échéance, la faillite. Des arrangements pourront intervenir, la maison rouvrira ses comptoirs avec des enseignes mirifiques, en lançant des prospectus éblouissants. Entre les mains des mêmes bohêmes ou d'aventuriers de même provenance, elle n'inspirera point la confiance et tous les expédients les plus ingénieux ne la préserveront pas du cataclysme final.

C'est là l'histoire de la République parlementaire.

Après le sinistre effondrement de l'Empire et l'onéreuse liquidation qui suivit, la foule a fait queue devant le monument républicain, séduite par l'alléchante devise « Liberté, Egalité, Fraternité, » séduite bien plus encore par la réputation des hommes qu'il abritait, tous censés réformateurs ardents, démocrates incorruptibles. Or, il s'est trouvé que, chaque fois que les actionnaires sont venus réclamer un dividende de réformes, ils ont été toujours accueillis par des caissiers revêches, leur assignant des termes d'échéance de plus en plus éloignés. Ces créanciers ont protesté ; le personnel a été modifié, pour leur donner satisfaction ; les caissiers se sont appelés tour à tour Dufaure, de Marcère, Duclerc, Ferry, de Freycinet, Brisson, Goblet, Floquet, Rouvier, Tirard; pas un seul n'a été à même de rembourser les coupons de Jacques Bonhomme. A la fin, la patience de celui-ci s'est lassée et il a enveloppé dans la même défiance et l'institution et les hommes qui la dirigeaient. Il a comparé la République parlementaire à cette fameuse guérite dans laquelle un soldat s'était donné la mort et qui, après, fut fatale à tous ceux qui entraient dedans, jusqu'au jour où elle fut brûlée par ordre de l'autorité supérieure.

Le général Boulanger a parfaitement démêlé le nœud de la situation, dès l'instant où la misérable jalousie de ceux-ci et les basses rancunes de ceux-là l'ont sacré homme politique. Aussi, n'a-t-il pas tenu aux innombrables victimes des banqueroutes parlementaires ce langage : « Mes prédécesseurs n'ont pas rempli les engagements contractés envers vous. Je prends leur place. Ayez confiance en moi, accordez un nouveau concordat à la République parlementaire, je réponds de relever l'institution discréditée. »

Dans son mâle langage de loyal soldat, il leur a dit brutalement : « Le régime parlementaire est naturellement malfaisant ; aucun effort humain n'est capable de l'améliorer. Tant qu'il subsitera, malgré toute mon énergie et toute ma bonne volonté, je ne pourrai que persévérer dans les déplorables errements de mes prédécesseurs, continuer leur détestable gestion, aboutir à la même déconfiture. Si nous voulons réparer les ruines et les désastres du passé, supprimons le régime parlementaire, cause principale, sinon unique, de ces ruines et de ces désastres. Morte la bête, mort le venin ! »

Alors, le général Boulanger a inscrit en tête de

son programme la révision de la constitution, non pas la révision pour rire, comédie jouée en 1884, par M. Jules Ferry et ses complices, que se proposait de reprendre, le 16 février dernier, M. Floquet et ses comparses, fantôme de revision « qui aurait aggravé le gâchis du parlementarisme et tué la révision nationale, mais une révision décisive, intégrale par une constituante qui « donnera la République nationale, » ouverte à tous les honnêtes gens et à tous les progrès, faite par le peuple et pour le peuple et dans laquelle le pays aurait non seulement le droit si souvent illusoire d'exprimer ses vœux, mais le pouvoir de les réaliser. » (*Nevers*).

Qu'importe, en effet, au peuple que le Sénat soit élu, au suffrage restreint, par un collège de cinq cents ou qu'il le soit par une assemblée de mille électeurs privilégiés?

Qu'il y ait des sénateurs inamovibles ou qu'il n'y en ait plus?

Qu'importe au peuple toutes autres broutilles du même genre à l'usage des congrès parlementaires?

Ce que veut la démocratie et, en son nom, le plus éloquent et le plus généreux de ses défenseurs, c'est une Révolution qui la mette définitivement en possession des conquêtes qu'elle a opérées en 1789, et dont elle s'est laissé dépouiller par une bourgeoisie à l'esprit égoïste, au cœur étroit, à l'âme basse.

Ce que réclame la démocratie, c'est la réalisation des réformes urgentes, qui sont la condition *sine quâ non* de son existence.

Or, comme dans sa prudence et sa sagesse, la

démocratie estime que cette Révolution doit s'opérer pacifiquement et légalement, elle demande après un gouvernement libéral qui, au lieu de refouler ses aspirations et d'écarter ses revendications, marche résolûment à sa tête dans la voie du progrès, de la justice et de la fraternité.

C'est ce gouvernement que seule leur Constituante sera capable d'organiser. Nous savons déjà par les paroles et par les écrits du chef du parti national et de ses dévoués lieutenants — paroles et écrits à travers lesquels il ne s'est jamais trouvé de place pour l'équivoque — nous savons, dans les principales lignes, en quoi ce gouvernement diffèrera du gouvernement d'aujourd'hui.

Nous aurons un Président de la République qui, étant l'élu de la nation, et non plus le représentant d'un parti, sera autre chose qu'un soliveau ou une machine à signer.

Les ministres, cessant d'être pris dans les Chambres, fourniront une honorable carrière à travers laquelle, n'ayant plus à se préoccuper à chaque instant de la sauvegarde de leurs portefeuilles, ils auront le loisir d'entreprendre et de mener à bonne fin de la bonne besogne.

Dégagés enfin du souci des compétitions ministérielles, les députés auront tout le loisir d'étudier et d'approfondir les questions qui leur seront soumises par les ministres, et de les transformer en lois à la fois utiles et pratiques.

Faut-il citer quelques-unes de ces réformes dont nous attendons tous la réalisation avec la plus légitime impatience?

Réforme budgétaire : dégrèvement de l'impôt foncier, établissement de l'impôt sur le revenu, sur les boissons, suppression des octrois et des monopoles ; abolition de taxes vexatoires et surannées; modifications aux tarifs de douane et aux tarifs de chemin de fer, etc.

Réforme administrative : réduction des fonctionnaires ; la plupart des emplois soumis au concours; fonctions publiques accessibles à tous — indignes exceptés — revision de réglementations routinières, large décentralisation, etc.

Réforme judiciaire, qui doit porter beaucoup moins sur les personnes que sur les institutions. Notre Code civil a besoin d'être revu et d'être adapté aux mœurs et aux usages contemporains. Notre Code pénal renferme des dispositions odieuses qui ont à disparaitre d'une législation vraiment libérale; une révolution complète s'impose dans le Code de procédure. Les justiciables ne peuvent plus attendre des années et des années qu'il plaise à MM. les robins de tout poil et de toute couleur de trancher les questions souvent très élémentaires qui leur sont soumises. D'un autre côté, il faut songer à empêcher MM. les officiers ministériels de dévorer le patrimoine de leurs clients en entassant feuilles de papier timbré sur feuilles de papier timbré, en greffant incidents sur incidents. Que diable ! à moins que d'être des ânes bâtés, MM. les juges sont bien capables de rendre leurs sentences sans le secours des grimoires grotesques de MM. les notaires, avoués et autres procéduriers, plus retors pour allonger indéfiniment la note des frais que pour trouver de solides arguments juridiques. Plus de ces fastidieux renvois de quinzaine en quinzaine! Assez de ces ordres dont le règlement se prolonge quarante fois quarante jours! Une justice un peu moins décorative et un peu plus expéditive, et un peu plus sommaire! etc., etc., etc.

Mais, s'exclament en chœur les libérâtres, qui étranglent une à une nos libertés, qui font emprisonner dans la même journée deux députés inviolables et vingt-trois citoyens, coupables d'avoir crié : « Vive la République! » vous voyez bien que le général Boulanger n'aspire qu'à restaurer en France un régime de dictature.

Quelle différence, en effet, établir entre une monarchie absolue et une République dans laquelle le président aurait des attributions souveraines, les ministres cesseraient d'être placés sous la tutelle des Chambres?

Une différence capitale, farceurs et gens de mauvaise foi!

Les monarques, quelquefois, gouvernent à leur gré et non au gré de leurs peuples.

Le général ne prétend, lui, qu'au rôle d'exécuteur scrupuleux des volontés du peuple.

Au moyen du *referendum*, il soumettra à la nation les grosses questions politiques et sociales qui l'inquiètent et la divisent depuis de trop longues années, et que les parlementaires ont montré leur impuissance à résoudre. Après que le suffrage universel se sera prononcé, le gouvernement n'aura qu'à s'inspirer de ses décisions souveraines. L'ère des persécutions étroites, des tracasseries mesquines sera fermée.

Voici la question religieuse, par exemple, qui nous passionne.

Comment le gouvernement actuel l'a-t-il envisagée? Par les infiniment petits côtés, en proposant au Parlement l'adoption de lois d'exception, sans franchise, comme sans envergure, dans l'application desquelles le plus souvent le ridicule l'a disputé à l'odieux, exhumant aujourd'hui de vieilles ordonnances royales, pour disperser des congrégations religieuses d'hommes ou de femmes, pour emporter d'assaut des monastères comme Frigolet; interdisant demain, en violation flagrante de la liberté de conscience et de la liberté d'enseignement, l'accès des écoles publiques à toute une catégorie de citoyens français; d'autres fois, marchandant leurs modestes salaires à de vieux prêtres de campagne, pour complaire à d'ignobles mouchards.

Quel a été le résultat de cette pitoyable politique faite d'arbitraire?

La solution de la question religieuse a-t-elle avancé d'un pas?

Les catholiques ont-ils abdiqué un pouce de leurs prétentions?

Les associations religieuses se sont reformées.

A côté des écoles publiques laïcisées, se sont fondées des écoles libres, tenues par des congréganistes. De là une source continuelle d'antagonisme, un foyer ardent de haines et de représailles entre les citoyens d'une même commune.

Les prêtres, enveloppés de l'auréole de la

persécution, reçoivent leur traitement de la charité publique et s'en croient d'autant plus autorisés à poursuivre le gouvernement de leurs invectives.

Aussi, en 1889, si tant est qu'il existe, le péril clérical est aussi imminent qu'en 1876, avant l'article 7 et tous autres décrets de ce genre, inventés par M. Jules Ferry et consorts, bien moins du reste pour combattre l'idée religieuse que pour calmer, en leur donnant quelques os de prêtres et des nonnes à ronger, l'appétit des masses démocratiques, friandes des réformes sociales.

Le *referendum* tranchera immédiatement et nettement la question religieuse.

Consulté directement, en parfaite connaissance de cause, le peuple dira s'il veut la séparation de l'Eglise avec l'Etat ou si, au contraire, il entend maintenir les clauses du Concordat.

Au premier cas, les prêtres, cessant d'être salariés par l'Etat, redeviendront de simples particuliers, comme les médecins, comme les avocats, dont les services spirituels seront rémunérés par ceux qui auront recours à leur ministère. Et impossible à eux de crier à l'arbitraire, à l'oppression de trente-six millions de catholiques par une poignée d'athées, puisque la majorité se sera prononcée.

Dans le second cas, à l'occasion de la discussion du budget des cultes, nous n'entendrons plus, chaque année, ces discours fastidieux sur les lèvres de vieux bonzes qui s'imaginent que l'on ne peut pas être un parfait démocrate, si l'on n'est en même temps un enragé prêtrophobe.

De toute façon, la minorité n'aura plus qu'à s'incliner devant le verdict rendu par le peuple ou, si elle continue à protester, ses protestations sans portée demeureront sans écho.

D'autant mieux, que dans le régime essentiellement libéral — de nom et de fait — qui fonctionnera prochainement en France, la minorité jouira de tous les droits qui sont l'apanage inaliénable de chaque citoyen depuis la Révolution Française.

Liberté de conscience, liberté d'association, liberté de réunions pleines et entières, jusqu'aux limites de la liberté d'autrui.

Vous pourrez aller à la messe et ne pas y aller, si cela vous plaît, sans être molesté, voire même suspecté par le pouvoir.

Vous pourrez vous réunir dix, quinze, vingt, pour subvenir aux besoins du culte catholique, aussi bien qu'à celui du grand Architecte ou du Néant, — si vous supposez que le monde, si mathématiquement organisé, s'est fait et se régit tout seul.

Ainsi s'éteindra ce foyer de division intestines, attisé par les Ferry, les Constans et autres Burdeau qui consume les forces vitales de ce pays.

Ce que nous venons de dire de la question religieuse s'appliquera aussi bien à toutes les autres questions qui ressortent du domaine politique et social. Il serait évidemment puéril d'affirmer qu'elles trouveront une solution immédiate dans le *referendum*. En l'introduisant dans la constitution le général Boulanger ne s'imagine pas apporter une panacée à tous les maux dont souffre la France ;

il administre seulement à la malade un curatif des plus efficaces. En effet, pourquoi les tentatives réformatrices avortent-elles toutes piteusement aujourd'hui? Parce que nos parlementaires marchent à tâtons, s'égarant dans des sentiers perdus, à la recherche d'un but qu'ils n'entrevoient pas. Dès que le peuple aura catégoriquement affirmé ses volontés au sujet de telle ou telle loi, ils n'auront plus à tâtonner pour apercevoir ce but; il apparaîtra devant eux lumineux et précis. Pour l'atteindre il ne leur restera plus qu'à marcher droit devant eux. Alors, au lieu de ces tours de Babel confuses et fragiles, bâties au hasard par des coalitions d'ouvriers inhabiles et qu'emporte la première rafale, ils pourront édifier, sur les fondements solidement tassés par le suffrage universel, le monument dont parle le poète : *Œre perennius*.

A un point de vue moins élevé ne comprend-on pas encore les inappréciables avantages du *referendum?* Il s'agit, par exemple, d'imposer extraordinairement une commune pour des travaux d'intérêt local. Les habitants sont divisés sur la question de l'opportunité de ces travaux. Les uns croient que les dépenses seront largement compensées par les bénéfices que l'on en retirera; les autres, au contraire, estiment la dépense aussi inutile dans le présent qu'improductive dans l'avenir.... M. le Maire convoque ses administrés à la mairie, les fait voter et voici la question tranchée au mieux de l'intérêt général, Ah! que cette méthode n'a-t-elle été mise en pratique dix années plus tôt. Nous aurions sans doute moins de palais scolaires, moins de chemins de fer électoraux! Mais aussi que de centimes additionnels de moins à payer pour les contribuables!

V

VIVE LA FRANCE !

Cette brochure est une brochure populaire; notre seule ambition est qu'elle pénètre au milieu des masses honnêtes et intelligentes. Sa principale qualité doit donc être la brièveté ; par conséquent, il ne nous reste plus de place pour exposer et developper d'autres points secondaires de l'admirable programme du général Boulanger, pour réfuter certaines objections de détail ; nous ne nous attarderons pas davantage à discuter les ineptes calomnies inventées, chaque matin, par les parlementaires aux abois et qui vont être colportées, à la veille des élections générales, à travers toutes les campagnes, Aussi bien la démocratie en fera-t-elle bonne justice ; nous en avons pour garants les scrutins du 15 avril et du 19 août 1888, celui du 27 janvier 1889 et toutes les manifestations spontanées du suffrage universel, que nous enregistrons chaque semaine, et qui sont le prélude de la manifestation grandiose et décisive du mois d'octobre prochain.

Nous ne voulons cependant pas terminer ces

quelques pages, écrites au courant de la plume, l'esprit dégagé de toute passion politique, que nous publions bien moins dans l'intention de servir le boulangisme que dans l'espoir d'acquitter une faible partie du tribut d'amour, dû par nous à notre pays, nous ne voulons pas les terminer sans les résumer dans un appel que nous dicte le seul patriotisme et que nous adressons à tous ceux entre les mains de qui pourra tomber ce modeste opuscule.

Electeurs,

A quelque parti que vous apparteniez, sous quelque point que vous l'envisagiez, la situation actuelle vous semble-t-elle plus longtemps tolérable?

Français,

Ne vous sentez-vous pas inquiets autant qu'humiliés en considérant notre pays, isolé au milieu du concert des nations européennes, qui ont refusé de participer à l'ouverture de notre Exposition universelle, en voyant notre diplomatie confiée à des ministres qui font la courbette devant nos ennemis séculaires, mendient leur protection pour obtenir de Belgique l'expulsion d'un général français et provoquent une puissance amie par un odieux attentat contre le droit des gens?

Industriels et commerçants,

A quelle époque troublée de notre histoire les affaires ont-elles marché aussi péniblement que maintenant?

Patrons,

Qui avez lutté jusqu'ici contre la crise jusques à quand pensez-vous résister ?

Ouvriers,

Où trouverez-vous demain du travail, si l'on ne diminue pas encore votre salaire ?

Paysans,

Qui peinez, seize heures le jour, sur votre charrue, avez-vous toujours du pain à vous mettre sous la dent ?

Propriétaires,

Qui ne pouvez plus payer l'intérêt de vos hypothèques, à quand l'expropriation avec 60 0/0 de perte ?

Capitalistes,

Où placer vos fonds à l'abri des serres des vautours de la bande juive ?

Contribuables,

Qui payez un cinquième de plus d'impôts que la nation la plus imposée d'Europe, n'apercevez-vous pas la hideuse banqueroute qui s'avance avec ses bottes de sept lieues ?

Citoyens

Quels sont vos droits ? Votre liberté, vos papiers, et vos secrets de famille sont à la merci d'un sénateur gâteux. Si tel est le bon plaisir d'un ministre sans conscience ou d'un préfet sans vergogne, vous serez enfermés dans une heure, dans un cachot infect. — Mesure administrative !

Républicains de la veille,

Etait-ce là le gouvernement que vous rêviez lorsque vous preniez, mélancoliques le chemin de l'exil ?

Jeunes gens,

Qui êtes entrés à la vie politique, en saluant le gouvernement de la République, est-ce là l'idéal de vos généreuses aspirations ?

Braves gens,

Qui, amis passionnés du calme et de la tranquillité, avez accepté sans enthousiasme les faits accomplis, dans l'attente d'un lendemain meilleur, entendez-vous rester plus longtemps les bras croisés ?

Non, n'est-ce pas ?

L'expérience est faite, irrévocablement faite. Il faut en finir !

La République parlementaire ruine, déshonore et tue la France ! Le parlementarisme est un arbre pourri qui ne porte que des fruits empoisonnés. Il faut déraciner et brûler l'arbre. Encore une fois morte la bête, mort le venin !

Par quoi remplacer ce qui existe ?

Par la monarchie ? Vous avez vu qu'il n'y avait pas à y songer.

Conservateurs,

Dont ce sera l'éternel honneur devant l'histoire de n'avoir jamais voulu partiser avec la bande qui exploite la France, ce serait plus qu'une duperie, ce serait un crime de lèse-patrie, sans circonstances atténuantes, que de ne pas abdiquer vos préférences dynastiques.

Electeurs,

En face de la République parlementaire agonisante, en face de la monarchie impuissante, se dresse la République nationale! C'est là le remède! C'est là le port de Salut !! En allant aux urnes vous acclamerez donc les seuls candidats qui se réclameront d'elle. En votant pour eux, vous ne voterez pas pour un homme, vous voterez pour le programme si patriotique et si démocratique qui a été tracé à Tours :

« A l'extérieur, situation digne et forte qui permettra à la France, sans cesser d'être pacifique, de reprendre sa grande place et son rôle bienfaisant dans le concert des nations. »

« A l'intérieur, liberté, réorganisation d'une administration profondément atteinte, ordre financier, paix des consciences et république ouverte à tous ceux qui ont pour but la grandeur et la prospérité de la France. »

Electeurs,

Pas d'hésitation! Pas de divisions!

N'oubliez pas que ne pas voter pour les candidats

du comité républicain national, c'est voter pour **Jules Ferry**, c'est-à-dire pour le **Tonkin, le déficit et la persécution.**

En effet, Jules Ferry est le vrai chef des parlementaires ligués contre le général Boulanger.

En effet, si le général Boulanger échouait dans son œuvre patriotique, ce n'est pas le Prince Victor, ce n'est pas le comte de Paris qui arriveraient au pouvoir :

C'est Jules Ferry.

Aux urnes donc et pas d'abstention!

Aux urnes! au triple cri de :

Vive la France!

Vive la République nationale!

Vive Boulanger!

FIN.

TABLE DES MATIÈRES

Paris. — Imp. L. Guérin et Cie; 26; rue des Petits Carreaux.

PARIS. IMPRIMERIE TYPOGRAPHIQUE L. GUERIN et Cie
26, Rue des Petits-Carreaux, 26

www.ingramcontent.com/pod-product-compliance
Ingram Content Group UK Ltd.
Pitfield, Milton Keynes, MK11 3LW, UK
UKHW012245240726
13966UKWH00004B/1308